6,835

MÉMOIRE,

POUR FRANÇOIS GODEMEL, Conseiller-Secretaire du Roy honoraire, Maison & Couronne de France, & des ses Finances, Deffendeur en Retrait.

CONTRE Messire Nicolas-François Midorge, Maistre des Requestes, Demandeur en Retrait.

SUR LA QUESTION,

Si l'acquest du fils qui passe à la mere, devient propre de ligne & sujet à retrait en la personne de la mere.

CETTE question est grande & importante, & demande que l'on remonte jusques aux principes des Propres; mais il faut avant toutes choses expliquer comment, & à quelle occasion elle est née.

Au mois de Juin 1719. Dame Henriette le Hardy. de la Trousse, veuve de Messire Jacques de la Pallu, Comte de Bouligneux, a vendu au sieur Godemel une Maison située en cette Ville de Paris.

C'est, à ce qu'asseure le sieur Godemel, M. Midorge lui-même aujourd'huy retrayant, qui a conduit & negocié l'acquisition en qualité d'ami & de souverain arbitre des volontez de la Dame de Bouligneux. Ce fut même lui qui écrivit de sa main le double du projet du futur Contrat.

Suivant encore le même sieur Godemel, la plus flatteuse amorce dont M. Midorge s'est servi pour l'attirer, a esté la qualité de la maison qu'il disoit estre un acquest, & par consequent non sujette à retrait; il a plus fait; car pour ne laisser sur le retrait aucun sujet de crainte, il a promis d'aider le sieur Godemel de son nom, & de retirer pour lui, afin d'imposer silence à tous autres retrayans.

Aujourd'huy il trompe la foy donnée, & retire la maison, non pour la conserver, mais pour l'ôter au sieur Godemel: c'est à luy à voir comment un tel procedé peut s'accorder avec la fidelité que tout homme d'honneur, & plus encore tout Magistrat, doit à sa parole.

Avant que de passer outre, il faut jetter les yeux sur la Genealogie suivante; elle apprendra non seulement la suite & lignage des personnes, mais encore le chemin que l'heritage a fait dans la famille; comment il y est entré; par quelles mains il a passé, &

A

6.835

à quel titre chacun des poſſeſſeurs en a joüi; ce qui eſt eſſentiel en matiere de retrait.

GENEALOGIE.

EUSTACHE LE BOULANGER,

Marie le Boulanger, mariée au ſieur Barthelemy Maiſtre des Comptes.

Marie Barthelemy, mariée à François le Hardy, Marquis de la Trouſſe.

Marie Henriette le Hardy, mariée à Jacques de la Pallu, Comte de Bouligneux, vendereſſe du ſieur Godemel.

Loüis de la Pallu Marquis de Bouligneux, mort ſans enfans, par le decès duquel la maiſon eſt avenuë comme acqueſt à Marie-Henriette le Hardy ſa mere.

Magdelaine Barthelemy, mariée au Marquis de Ranes, premiere de la famille qui ait acquis, & poſſedé la maiſon dont il s'agit, & qui l'a leguée par teſtament à Loüis de la Pallu ſon petit neveu.

Catherine le Boulanger, mariée à Nicolas le Clerc de Leſſeville.

Pierre le Clerc de Leſſeville.

Catherine le Clerc de Leſſeville, mariée à Nicolas Midorge.

Nicolas-François Midorge, Maiſtre des Requeſtes, demandeur en retrait.

Par là on voit que la maiſon a eſté originairement achetée par Magdelaine Barthelemy, tante maternelle de la Dame de Bouligneux vendereſſe.

Que Magdelaine Barthelemy en a diſpoſé par Teſtament au profit de Loüis de la Pallu ſon petit neveu, & fils de la même Dame de Bouligneux, lequel Loüis de la Pallu en a joüi juſqu'à ſa mort.

Qu'enfin par la mort de ce dernier elle a paſſé à la Dame de Bouligneux ſa mere, en qualité d'heritiere de ſes acqueſts, car bien qu'il la tint du legs de Magdelaine Barthelemy ſa grande tante, elle n'étoit neanmoins en lui que ſimple acqueſt; parce que la maxime eſt conſtante, que le legs de collateral à collateral, laiſſe la choſe leguée dans ſa nature d'acqueſt.

Juſques-là donc la maiſon n'a pû ſoucher, ni devenir propre de ligne. Elle n'a point ſouché en Magdelaine Barthelemy, puiſque Magdelaine Barthelemy la tenoit d'acquiſition. Elle n'a point

encore fouché en Loüis de la Pallu ; puifque Loüis de la Pallu n'en
eft devenu maiftre & proprietaire, que par le legs d'une parente
collaterale, qui étoit, comme l'on a dit, incapable de changer
l'acqueft en propre.

Ainfi en la perfonne de ce dernier elle eft demeurée acqueft.

La queftion eft après cela, fi dans le paffage de lui à fa mere,
l'heritage a contracté la qualité de propre ; M. Midorge ne le
prétend ainfi, que parce que c'eft la fucceffion *ab inteftat*, qui
l'a tranfmis du fils à la mere, & le fieur Godemel pretend au-
contraire que la fucceffion du defcendant à l'afcendant ne peut
faire foucher l'acqueft ; parce qu'alors l'acqueft remonte contre
la pente naturelle des fucceffions, & que la fouche ne fe fait jamais en remontant. On dit d'un acqueft qu'il fait fouche dans
la ligne, lorfqu'il y prend racine, & contracte affectation à la ligne ;
car tant qu'il demeure acqueft, il ne fait que flotter fur la furface
de la ligne ; mais lorfqu'il a pris fouche, il s'eft ancré & enraciné
dans la ligne, & dès-lors il eft devenu le bien propre de la ligne,
dont il faut qu'il fuive l'ordre.

Or, il eft bien vrai que communement les acquefts fouchent
& deviennent propres, lorfque par fucceffion *ab inteftat*, ils paffent de l'afcendant au defcendant, ou d'un collateral à l'autre ;
mais il n'eft nullement vrai, (c'eft la propofition du
fieur Godemel,) que lorfqu'ils fautent du defcendant à l'afcendant ils faffent fouche, & prennent racine dans la ligne ;
parce que c'eft toûjours dans l'acquereur que refide le principe
& le germe de la chofe, & que le defcendant acquereur étant en
bas, tandis que l'afcendant heritier eft en haut, il eft impoffible
que le germe prenne racine de bas en haut, le propre de la racine étant de s'étendre en defcendant, ou de s'écarter par les *côtez*,
mais jamais en montant : c'eft ce qui fera plus amplement établi,
après qu'on aura rappellé quelques principes neceffaires aux rai-
fonnemens qui doivent fuivre.

Principes préliminaires à la Queftion.

L'Article 129. de la Coûtume de Paris, qui eft la loy introductive
du rétrait, dit *que quand aucun a vendu, & tranfporté fon propre*
heritage à perfonne etrange de fon lignage du côté & ligne, dont ledit
propre heritage luy eft venu, & échû par fucceffion, il eft loifible
au Parent lignager dudit Vendeur, du côté & ligne, dont eft venu &
échû ledit heritage, de demander à avoir par rétrait iceluy heritage.

Vendu & tranfporté fon propre heritage, il faut donc que
l'heritage ait efté fait propre & bien de ligne, car s'il eft demeuré
acqueft, il n'appartient encore à aucune ligne, & par confequent
la ligne n'a point droit de le rétraire.

A perfonne etrange de fon lignage du côté & ligne, dont ledit
heritage luy eft venu & échû par fucceffion : Lignage eft le terme
general qui comprend tous lignagers de quelque côté & ligne

qu'ils foient, parternels ou maternels, parens de l'acquereur, non parens de l'acquereur.

Etrange de fon lignage du côté & ligne. C'eft-à-dire que lorfque l'achepteur eft lignager du vendeur, le rétrait ceffe, pourvû qu'il luy foit lignager du côté & ligne, dont l'heritage luy eft échû & avenu, car il ne fuffit pas qu'il foit de fon lignage en general, il eft neceffaire qu'il foit du côté & ligne particuliere, d'où l'heritage eft venu, & par laquelle il a paffé avant que d'arriver au Vendeur, & par-là on entend la ligne de celuy qui l'a le premier porté, & fait foucher dans la famille.

Venu, par ce mot-la Coûtume veut que l'on recherche d'où l'heritage eft venu, c'eft-à-dire que l'on remonte au premier acquereur, par la mort duquel l'heritage a pris pour la premiere fois fouche, & racine dans la ligne.

Echû, cela veut dire qu'il faut que l'heritage foit échû au Vendeur par le même côté & ligne d'où il eft venu, ou, ce qui eft la même chofe, par le côté & ligne du premier acquereur.

Ainfi le mot *venu* joint avec celuy d'*échû*, indiquent les deux termes *à quo & ad quem*: *venu*, eft le terme *à quo*; *échû*, le terme *ad quem*: *venu eft*, comme on-a-dit, relatif au premier acquereur par lequel la ligne commence; *échû* au dernier poffeffeur, par la mort du quel l'heritage a paffé au Vendeur, & en qui la ligne finit; car la ligne commence par le premier poffeffeur de l'heritage & fe termine dans le dernier, parce que c'eft plus la ligne de l'heritage, que celle des perfonnes que l'on cherche, & quand on dit la ligne de l'heritage, on entend la fuite des mains par lefquelles il a paffé.

Par fucceffion, cela fignifie qu'il ne fuffit pas que le Vendeur ait tenu l'heritage de fes prédeceffeurs, s'il n'eft venu jufqu'à luy par une fuite non interrompuë de fucceffions *ab inteftat*, car auffitôt que la continuité de la fucceffion *ab inteftat*, fouffre interruption par legs, donation ou autre titre emané de l'homme, c'eft une nouvelle ligne qui commence.

Par exemple, l'oncle achepte, il femble donc qu'il eft le premier acquereur, & en effet il fera compté pour tel, s'il laiffe tomber fon acqueft dans fa fucceffion *ab inteftat*, mais s'il le donne ou legue au neveu, enforte que le neveu le tienne du don & difpofition de l'oncle, pour lors l'oncle quoiqu'acheteur, fera compté pour rien, parce que fa mort n'aura point fait foucher l'heritage dans la ligne, & n'aura rien acquis à la ligne; & pour lors le neveu qui aura laiffé la chofe à fes heritiers, fera cenfé l'avoir mife dans la ligne, enforte qu'il faudra eftre de fon côté & ligne pour la retraire. Ainfi toutes les fois que la fuite de la fucceffion *ab inteftat*, eft interrompuë par un legs, c'eft une nouvelle ligne qui fe forme dans la perfonne de l'heritier du legataite: tel eft l'effet de ce mot de la Coûtume *par fucceffion*. Il faut que la fucceffion ait tranfmis l'heritage, & perpetuë de main en main la qualité de propre; il faut encore qu'il foit échû

par

par fucceffion, c'eft-à-dire que le Vendeur l'ait recueilli en qualité d'heritier : cela fe comprendra encore mieux dans la fuite, par l'exemple d'une conteftation nouvellement décidée au Châtelet.

L'article adjoûte : *Il eft loifible au parent lignager du Vendeur du cofté (*) ligne dont eft venu & échû ledit heritage, de demander à avoir par Retrait iceluy heritage*

Par ces mots la Coûtume marque de nouveau qu'il ne fuffit pas d'être parent ou lignager du Vendeur, mais qu'il faut l'être du côté & ligne du premier Acquereur ; enforte que c'eft à la ligne particuliere de ce premier acquereur, commençant par luy & finiffant par le dernier poffeffeur, que le Retrait eft donné.

La Coûtume, dit *côté*, pour appeller au Retrait les Collateraux de l'acquereur ; car le mot *côté* eft un terme confacré pour la Collaterale, par la raifon que nos Collateraux ne nous touchent que de côté, comme en effet ils font dits Collatereaux. *Quafi lateraliter tangentes.*

Mais en même temps la Coûtume ajoûte *ligne* pour appeller les defcendans de l'Acquereur ; car la définition que les Jurifconfultes donnent de la ligne eft connuë de tout le monde ; *linea eft feries perfonarum ab eodem ftipite defcendentium.*

La ligne n'eft donc qu'un ordre & fuite de defcendans, qui rapportent tous leur origine à la même fouche ; de forte que c'eft appeller les defcendans que d'appeller la ligne, mais ce n'eft pas appeller les Afcendans, comme il fera plus particuliement prouvé dans la fuite.

Tout cela prefuppofé, il eft clair qu'encore que Magdelaine Barthelemy ait acheté la maifon dont il s'agit, elle ne peut cependant pas être comptée pour premiere Acquereufe, parce qu'elle n'a point laiffé tomber l'heritage dans fa fucceffion *ab inteftat*, & qu'au contraire elle en a difpofé par Teftament au profit de Loüis de la Pallu fon petit neveu ; Loüis de la Pallu n'en a donc joüy qu'à titre de legs, & l'interpofition de ce Légataire ayant coupé le fil & continuité de la fucceffion, a auffi coupé le fil & continuité de la ligne ; de forte qu'à fuppofer même la prétention de Monfieur Midorge bien fondée, il faudroit toûjours retrancher de la ligne Magdeleine Barthelemy, & compter Loüis de la Pallu pour le premier Acquereur : on verra dans la fuite que cela n'eft pas ainfi. Mais quant à prefent, il fuffit que dans les principes, même de Monfieur Midorge l'acqueft vienne primitivement de Loüis de la Pallu, fans qu'il foit permis de faire état de Magdeleine Barthelemy.

Or c'eft ce qui eft inconteftable après ce qu'on a dit cy-deffus fur l'interpretation du mot *par fucceffion* ; mais pour rendre la propofition plus fenfible, on rapportera icy l'exemple de la conteftation nouvellement jugée au Châtelet, entre la Dame de Broglio & le fieur le Vaffeur de Saint Vrain.

Le fieur le Vaffeur de Saint Vrain, Prefident à la Cour des Aydes, vend la Terre de Saint Vrain à la Dame de Broglio sur qui le fils du Vendeur prétend la retirer par Retrait lignager.

La Dame de Broglio se deffend & soûtient qu'elle est lignagere du côté & ligne du premier Acquereur, d'où elle conclut que le Retrait sur elle n'est point recevable, attendu que lignager sur lignager ne peut retraire.

Le sieur de Saint Vrain la reconnoist du lignage, mais non du côté & ligne du premier Acquereur, & la verité étoit que la Terre de Saint Vrain avoit été originairement acheptée par un Jean le Vasseur, à qui la Dame de Broglio étoit étrangere, car elle ne lui tenoit, ni par la Directe, ni par la Collateralle ; mais ce Jean le Vasseur n'avoit point laissé la Terre dans sa succession *ab intestat* ; au contraire il en avoit disposé par Testament au profit de Nicolas le Vasseur son neveu, comme dans l'espece des parties, Magdeleine Barthelemy qui a acheté la maison dont il s'agit, en a disposé au profit de Loüis de la Pallu son petit neveu. Question donc lequel de Jean, ou de Nicolas le Vasseur devoit passer pour premier Acquereur, & jugé qu'encore que Jean eût acheté, ce n'étoit pas en lui, mais en Nicolas qu'il falloit placer le premier Acquereur, parce que ce n'étoit point par la mort de Jean, mais par celle de Nicolas, que l'heritage avoit souché dans la ligne.

Donc, encore une fois, tout ce que Monsieur Midorge pourroit prétendre de plus avantageux s'il étoit bien fondé, seroit que l'on commençât la ligne par Loüis de la Pallu, car il ne peut la commencer par Magdeleine Barthelemy, dès que la transmission de Magdeleine Barthelemy à Loüis de la Pallu, n'a fait aucune souche.

Or, en commençant la ligne par Loüis de la Pallu, on est contraint de la continuer en remontant par la mere, puisque c'est la mere qui a succedé ; & dans ce cas le sieur Godemel soûtient que l'heritage ne souche point, & n'acquiert point en la personne de la mere la qualité de propre de ligne, à cause de l'inhabilité de la ligne ascendante à faire des propres.

Preuve que les acquéts des Descendans ne peuvent soucher en ligne Ascendante.

La raison pour laquelle il ne suffit pas au Retrayant d'être du lignage du Vendeur, s'il ne se trouve aussi lignager du premier Acquereur, est que tout homme qui acquiert, & qui laisse son acquest dans sa succession *ab intestat*, est presumé avoir acquis, non seulement pour lui, mais encore pour ses Descendans, & Collateraux. Comme il est, à vrai dire, le fondateur du propre ; les Loix ont crû devoir se conformer à l'intention qu'elles ont présumée en lui, & par cette raison elles ont assuré la succession & le Retrait du propre aux personnes pour qui elles ont crû qu'il avoit travaillé.

C'est même de-là qu'est venu le nom de propre. Un pere, par

exemple, acquiert un heritage qu'il laiſſe à ſes enfans ; ces enfans le recueillent comme un bien qui leur étoit particulierement deſtiné, & qui par la deſtination du pere de famille leur avoit eſté ſingulierement affecté. Quand ils y viennent, ils le recueillent comme un bien qui leur appartenoit déja par la loi de nature : ils y viennent, dit le ſçavant Auteur du Traité de l'oncle & du neveu, *tanquam ad ſua, tanquam ad propria.*

Si ces enfans laiſſent d'autres enfans à qui le même heritage continuë de paſſer par voye de ſucceſſion, ce nouveau paſſage confirme & fortifie la qualité de propre, c'eſt-à-dire l'affectation de l'heritage à la famille.

Et il en eſt de même lorſque la ſucceſſion le tranſmet à des Collateraux de l'Acquereur, car l'Acquereur eſt encore preſumé avoir travaillé pour eux ; & bien que ceux-cy ne puiſſent dire qu'ils viennent *ad ſua* ; parce que le mot *ſua* ne convient qu'aux enfans & deſcendans que l'on appelle en droit *ſui heredes* : cependant ils peuvent toûjours dire qu'ils viennent *ad propria*, par la raiſon que l'heritage ayant une fois ſouché dans leur ligne, a eſté, pour ainſi dire, approprié à la ligne.

C'eſt-là ſans doute le principe de l'inſtitution des propres, ſuivant lequel il n'eſt pas poſſible que l'acqueſt du fils devienne propre dans le pere, parce qu'il y auroit une ſouveraine abſurdité à préſumer que le fils eût acquis pour le pere, & qu'en faiſant des acqueſts, c'étoit à ſon pere qu'il les deſtinoit, luy qui au contraire étoit deſtiné à recueillir les acqueſts du pere.

Ce pere peut-il dire, lorſqu'il profite des acqueſts de ſon fils, qu'il vienne *ad ſua*, ou qu'il vienne *ad propria ?* Et comment pourroit-il parler ainſi, tandis qu'il ne doit ſa ſucceſſion qu'à la mort prématurée de ſon enfant, qui en dérangeant l'ordre naturel, a dérangé la marche des biens, & les a fait monter, au lieu qu'ils devoient deſcendre ?

Il eſt donc clair que la premiere cauſe productive du propre, qui eſt la deſtination de l'Acquereur, manque parfaitement dans le cas de la ſucceſſion aſcendante.

Auſſi eſt-ce la raiſon pour laquelle tous ceux qui ont expliqué comment, & en quelle maniere ſe forme le propre, ont requis comme une condition eſſentielle, que l'heritage fût *deſcendu* ; non qu'il ſoit toûjours neceſſaire qu'il aille aux deſcendans de l'Acquereur, car il peut auſſi paſſer à ſes collateraux ; mais parce que les collateraux ne profitent du propre qu'à cauſe qu'ils ſe trouvent dans la deſcendance du tronc, qui leur eſt commun avec ce premier Acquereur.

Ainſi c'eſt toûjours une ſorte de deſcente de l'heritage, qui communique à la ſucceſſion collaterale la force de faire des propres : ſi ce n'eſt pas une deſcente directe, c'eſt au moins une deſcente oblique. On verra cy-deſſous dans les autoritez, que les Auteurs les plus graves ne ſe ſont pas formé d'autre idée du propre ; & cela étant, on demande comment un heritage qui loin de deſ cendre, remonte vers l'afcendant, y pourroit acquerir la qualité de propre ?

Dans l'origine, il n'y avoit de propres que pour les defcendans en droite ligne de l'Acquereur ; & cela s'obferve encore aujourd'hui avec tant de rigueur en certaines Coûtumes voifines, telles que Melun, Dourdan, Montargis, & autres, que lorfque *Coûtume de Melun, articles 129, 136, 263 & 268.* la defcendance & pofterité de l'Acquereur vient à manquer, le propre rentre dans fon originaire, & primitive nature d'acqueft. *Dourdan, 117, 118, 131.* A Paris, il n'en a pas d'abord été autrement : ce ne fut que du temps de l'Avocat du Roy Jean le Coq, que l'on commença de juger propre l'heritage qui étoit forti de la defcendance de l'Acquereur pour aller à fa collaterale. *Montargis art. 15. art. 3, & 161, l. 111. 16. tit. 2.* Le Jugement qui fut rendu pour ce fujet eft rapporté par cet Auteur dans fa Queftion 87. & toutefois la décifion qui fut pour lors renduë fit fi peu ceffer la difficulté, que jufqu'à la réformation de la Coûtume faite en 1580. la controverfe a été grande & célébre, fi l'heritage ne devenoit propre que lorfqu'il defcendoit par la ligne directe de l'Acquereur, ou s'il fuffifoit qu'il fût defcendu par la ligne de l'auteur commun entre l'Acquereur, & le Rétrayant, c'eft-à-dire, par la collaterale de l'Acquereur. C'eft de quoi Brodeau rend compte fur l'Article 141. de la Coûtume, & plus au long fur Loüet, Lettre P. Nombre 28.

Il eft vrai que dans ce même Article 141. & dans le 329. la nouvelle Coûtume a décidé que le propre pouvoit fe former & fe conferver dans la ligne collaterale de l'Acquereur ; en forte que pour avoir droit au propre, il n'a plus été neceffaire d'être defcendu de l'Acquereur, mais il eft toûjours refté des veftiges de l'ancien principe. Car c'eft la raifon pour laquelle le neveu, quoiqu'en parité de dégré avec l'oncle, exclut l'oncle des propres naiffans, comme il a été jugé par l'Arreft de Baudoüin, qui n'a donné la préference au neveu pardeffus l'oncle, que parce que le neveu étoit defcendu, & l'oncle feulement collateral de l'Acquereur. Et de cet Arreft on a tiré la confequence générale, que les defcendans de l'Acquereur, en quelque éloignement qu'ils foient du défunt, l'emportent fur ceux qui ne tiennent à l'Acquereur que par la collaterale, en quelque proximité qu'ils foient avec le même défunt. C'eft ce qu'a démontré le judicieux Auteur d'une Note inferée dans les Ecrits de Dupleffis, au Titre des Succeffions, Livre 2. Chapitre 3.

Mais quoiqu'il en foit, ceux qui difputoient s'il falloit que l'heritage fût defcendu par la ligne directe de l'Acquereur, ou s'il fuffifoit qu'il eût coulé par la ligne directe de l'auteur & tronc d'où l'Acquereur étoit forti, c'eft-à-dire, par fa collaterale, (car le Collateral ne feroit pas Collateral, fi l'Acquereur & luy ne fe rencontroient dans un tronc commun ;) encore une fois ceux qui agitoient cette grande & difficile queftion, convenoient également du principe, que le propre ne fe forme que dans la defcente. La queftion n'étoit qu'entre la defcente de droit fil, & la

defcente

descente oblique ; mais toûjours une sorte de descente étoit requise.

Or, on demande quelle descente on peut imaginer dans le cas où l'acquest du fils remonte à la mere ? ce fils, puisqu'on le veut, (car on passe ici la proposition sans en demeurer d'accord,) est le premier acquereur ; il est le fondateur du prétendu propre ; il en est le germe & la source, & par cette raison il doit estre, comme dit Brodeau aux endroits ci-dessus citez, le principe & commencement de la ligne : mais fera-t-on commencer la ligne par le fils, pour la continuer par la mere ? quel desordre ! quel renversement ne seroit-ce pas !

Le fils & la mere sont l'un & l'autre placez dans une seule & même ligne directe, toute composée d'ascendans, & de descendans, (& si l'on osoit, on diroit pour rendre l'absurdité plus sensible,) toute composée d'engendrans, & d'engendrez. Que l'on fasse en cet état commencer la ligne par le fils acquereur, & qu'on la continuë par la mere, on fera que le fils deviendra tige & souche de la mere ; ce qui fera une fiction à faire horreur.

C'est sans doute la raison pour laquelle la Coûtume affecte uniquement le propre au côté & ligne, & par là n'admet que les descendans & collateraux à faire souche, & nullement les ascendans. En effet le mot *costé*, ne peut s'appliquer aux ascendans & descendans, lesquels ne se touchent pas par côté, mais de droit fil, & le mot *ligne* ne peut encore s'entendre que des descendans ; parce que la ligne n'est pas *series personarum ascendentium*, mais *descendentium* ; sur quoy il faut remarquer que ces mots *ascendans*, & *descendans*, sont des termes de relation, qui n'indiquent rien de plus que ce qu'est une personne à l'égard d'une autre ; d'où vient que le même qui est descendant, lorsqu'il est consideré relativement à son pere, devient ascendant lorsqu'il est consideré relativement à son fils.

Ainsi quand on dit après les Jurisconsultes, que la ligne est une suite de descendans sortis de la même souche ; cela veut dire que dans la ligne on ne considere que la relation de descendans, & non celle d'ascendans ; celle en un mot des enfans aux peres, & non celle des peres aux enfans, comme dans la ligne suivante.

ADAM.

|

SETH.

|

ENOS.

|

CAINAN.

|

MALALEEL.

Adam est la souche & tronc de tous les autres, & ceux-ci ne sont considerez dans la ligne que par la relation qu'ils ont avec ce tronc ; *feries perfonarum ab eodem flipite defcendentium.* C'eft par la rélation de chacun avec la fouche que chacun eft confideré ; & cela fait que lorfque Seth fuccede à Adam, il fuccede comme fils, & par une relation de defcendant ; de même lorfqu'Enos fuccede à Seth, Cainan à Enos, & Malaleel à Cainan.

Mais fi on fuppofe que Malaleel ait eu un fils mort avant lui, qui ait laiffé un acqueft, auquel Malaleel ait fuccedé ; pour lors il eft clair que ce n'eft point par la relation de defcendant qu'il a recueilli l'heritage, mais plûtôt par une relation contraire qui eft celle d'afcendant; ce n'eft point comme étant de la ligne & defcendance d'Adam, ni comme provenu d'Adam qu'il a fuccedé, mais comme pere, comme afcendant, & comme étant lui-même le tronc de fon enfant.

Or il n'a pû fucceder comme tronc, fans conftituer par rapport à l'heritage un tronc nouveau, deftiné à faire une ligne nouvelle, dans laquelle l'heritage doit courir pour y devenir propre lorfqu'il y aura fouché.

Cela eft évident ; car comme le pere qui fuccede par droit de tronc, & s'il faut ainfi dire, d'afcendance, n'emprunte rien de l'ancien tronc, ni de la fuite & continuité de la ligne, mais tire tout fon droit de lui-même, & de fa qualité de tronc ; il ne fe peut qu'il ne faffe, quant à l'heritage, un tronc particulier different de l'ancien, & que ce tronc particulier ne conftitue une nouvelle ligne, car autrement il ne feroit pas tronc ; puifque la proprieté du tronc eft de produire ligne.

Et ce n'eft pas fans raifon qu'on dit, *quant à l'heritage ;* car en matiere de retrait, auffi-bien que de fucceffion, c'eft le tronc & ligne de l'heritage que l'on cherche, pour après cela y appliquer le lignage des perfonnes. C'eft la fuite de ces mots de l'article *du cofté & ligne dont l'heritage eft venu & échû,* lefquels mots marquent qu'il faut fuivre la ligne de la chofe plus que des perfonnes.

Or, cela fuppofé, la queftion ne fouffre plus de difficulté ; car s'il eft vrai que le mouvement violent que fait l'heritage, lorfque, malgré l'inclination de fon poids, il jaillit contre mont du fils au pere, le jette dans une nouvelle ligne, & le fait paffer fous un nouveau tronc, fans doute il eft impoffible qu'il contraɛte dans cette nouvelle ligne & fous ce nouveau tronc, la qualité de propre avant que d'y eftre tombé une fois par fucceffion, ou ce qui eft la même chofe avant que d'y avoir fait fouche.

Et il ne ferviroit à rien ici de dire que le pere eft de la ligne du fils, car ce n'eft pas comme étant de la ligne, ni par droit de ligne, qu'il fuccede ; & cela eft fi vrai, que les biens de ligne lui font refufez, comme il paroift en ce qu'il ne fuccede qu'aux meubles & acquefts, qui ne font d'aucune ligne. Si donc il fuccede, c'eft à caufe de fa qualité de tronc ; l'origine qu'il tire de l'ancien tronc ne lui donne rien ; ce qui lui donne, & ce qui le fait fucceder, eft l'origine que fon enfant a reçû de lui. Ainfi il ne fuccede que parce qu'il eft à cet enfant tronc immediat ; c'eft donc fa qualité de tronc qui lui ouvre la succession, & par consequent on ne peut empêcher qu'il ne fasse tronc; ni par consequent encore nouvelle ligne, dans laquelle il faut que l'heritage souche, si l'on veut qu'il y soit propre.

Ainsi lorsque la Dame de Bouligneux a recüeilli, comme tronc de Loüis de la Pallu, l'acquest de Loüis de la Pallu, cet acquest qui auroit pû soucher entre les descendans, ou collateraux de l'acquereur, n'a pû faire souche dans la mere; parce qu'il y a cette difference entre les descendans, ou collateraux, & les ascendans, que les premiers succedent par droit, & continuité de ligne, ou, ce qui est la même chose, par communauté de tronc : voilà pourquoy le tronc alors ne change pas. Mais autre chose est des ascendans, comme c'est la qualité de tronc qui les appelle, il faut qu'ils fassent tronc, & s'ils font tronc, il faut qu'ils donnent commencement à une nouvelle ligne; & s'ils donnent commencement à une nouvelle ligne, l'heritage ne peut y estre propre, s'il n'y a souché. Et pour lors c'est le pere ou la mere heritiers qui mettent l'heritage dans leur ligne particuliere, ce sont eux qui en sont les premiers acquereurs : en sorte que ce sera par leur costé & ligne que l'heritage descendra, quand il sera propre. Et à l'égard du fils, auquel ils ont succedé, sa mort n'aura fait aucune souche, parce qu'elle aura poussé l'heritage sous un tronc nouveau, dans lequel il n'aura pû prendre souche, & jetter racines, attendu que la souche ne se fait point dans le tronc, mais dans la ligne; comme il paroist en ce que dans le pere acquereur rien ne souche, parce qu'il est tronc; mais dans le fils se fait la souche, parce qu'il est de la ligne.

Par-là on voit pourquoy la Coûtume n'a donné le retrait qu'au costé & ligne; le donner au *costé*, c'étoit l'attribuer aux collateraux, conjoints au premier acquereur, par un ascendant & tronc commun. Le donner à la ligne, c'étoit le donner aux descendans de cet acquereur, parce que la ligne est toute composée de descendans; ce qui étoit ne reconnoistre pour propre que les choses venuës aux descendans, & collateraux, & par consequent exclure de la qualité de propre celles qui monteroient aux ascendans, lesquels ne devoient pas succeder comme sortis & descendus de l'acquereur, mais au-contraire comme tronc & souche de l'acquereur.

Et il faut bien le dire ainsi, si l'on veut garder quelque ordre dans la succession & dévolution des propres. Car si l'acquest qui remonte du fils à la mere devenoit propre en la personne de la mere, de quel côté seroit-il propre? il ne le seroit sans doute ni du côté paternel, ni du côté maternel, puisqu'aussi tôt qu'il auroit commencé par le fils, la mere ne le tiendroit ni de son pere, ou d'aucuns de ses parens paternels, ni de sa mere, où d'aucuns de ses parens maternels : on ne pourroit donc pas lui assigner le côté duquel il seroit propre.

Il sera, dit-on, maternel lorsqu'il tombera à la mere; mais l'acqueſt eſt déterminé au côté paternel, ou maternel, non par la perſonne à laquelle il arrive, mais par la perſonne de laquelle il vient; Lors par exemple, qu'il deſcend du pere au fils, c'eſt un bien paternel, parce qu'il vient du pere, *& vice verſa* il eſt maternel, lorſqu'il vient de la mere; ainſi c'eſt le terme *à quo*, & non le terme *ad quem*, qui decide du *coſté*; cependant on veut ici que l'acqueſt ſoit devenu propre maternel, pour eſtre venu à la mere, qui eſt le terme *ad quem*. C'eſt à quoy les principes reſiſtent.

Il faut dire plus; l'injuſtice ſeroit grande ſi l'heritage étoit devenu purement maternel en la perſonne de la mere. Car enfin M. Midorge ne peut nier, & ſa propoſition même doit eſtre qu'il vient de Loüis de la Pallu, & que c'eſt Loüis de la Pallu qui l'a mis dans la famille: que ſi cela eſt, le retrait en doit appartenir à tout le lignage paternel, ou maternel de Loüis de la Pallu: car en ce cas c'eſt à ſon coſté & ligne en general que le retrait eſt donné, & ſes lignagners paternels ne ſont pas moins de ſon coſté & ligne que les maternels.

Cependant ſi l'heritage eſt devenu propre maternel pour eſtre tombé entre les mains de la mere, comment les lignagers paternels pourroient-ils le retraire? un parent paternel a-t-il droit de retrait ſur un heritage maternel?

Non-ſeulement on ne pourroit dire de quel coſté ſeroit propre l'acqueſt du fils échû à la mere, mais on ne pouroit même marquer la ligne qu'il devroit ſuivre; du moins la ligne du fils acquereur, ſeroit tellement confonduë avec celle de la mere, qu'il ſeroit impoſſible de les diſtinguer; & c'eſt le raiſonnement de Mᶜ Denis le Brun. En effet ce ſera le même coſté & ligne, puiſqu'en ce cas tous les lignagers de la mere ſeront lignagers maternels du fils; les mêmes perſonnes qui tiendront à la mere, tiendront au fils par le coſté & ligne de la mere. Ainſi ce ne ſera plus le côté & ligne de l'acquereur, mais le côté & ligne de la mere de l'acquereur qui ſera appellé, & pour lors la Coûtume ſouffrira deſobéïſſance; parce que c'eſt nommément au coſté & ligne de l'acquereur qu'elle a cru devoir reſerver le retrait, attendu que l'acquereur étant, comme on a dit, le fondateur du propre, ſes lignagers ſeuls en peuvent profiter.

Tous ces embaras & contraventions à la Coûtume, ne naiſſent que du mauvais principe, qui ſuppoſe que l'acqueſt du fils puiſſe devenir propre en la perſonne du pere, quoique le pere ne ſuccede pas par droit & ſuite de ligne; mais comme pere, comme aſcendant, & comme tronc du fils, auquel cas il fait un nouveau tronc, & une nouvelle ligne, dans laquelle il tranſplante en qualité de premier & nouvel acquereur l'heritage qu'il tient de ſon fils. Par là s'évanoüiſſent toutes les difficultez; & c'eſt pourquoy les plus grands Auteurs tiennent que l'acqueſt ne peut devenir propre que lorſqu'il deſcend, ou que pour uſer des termes de Mᶜ Barthelemy Auzanet, en ſes memoires au titre des retraits, *il ne ſe fait point de ſouche en remontant*. C'eſt ce qu'il faut faire voir.

AUTORITEZ

Quoique les Auteurs ſoient fort ſteriles ſur la queſtion, que très peu l'ayent touchée, & qu'à la reſerve de Mᵉ Denis Lebrun aucun ne l'ait traitée à fond, on ne laiſſe pas de voir par les principes qu'ils enſeignent, que leur avis n'étoit pas que la ſucceſſion des aſcendans formât des propres.

Lors, par exemple, que l'Auteur du grand Coûtumier explique ainſi comment ſe forme le propre. *S'il advient*, dit-il, *à l'un des Deſcendans de celuy qui a acquis l'heritage, ou bien au deffaut de Deſcendans, s'il advient à quelqu'autre parent Collateral de l'acquereur, ledit heritage eſt propre & ſujet à Retrait.* Sans doute il fait connoître que le propre ne devient propre que dans le Deſcendant ou dans le Collateral, & jamais dans l'Aſcendant ; ce qui confirme la propoſition que par les mots, *Côté & Ligne*, la Coûtume n'a marqué que les Collateraux & les Deſcendans. *Titre 14.*

A cette idée du propre s'accorde celle qu'en donne Boutiller en ſa Somme Rurale, lorſqu'il parle en ces termes : *Si ſçachiez que qui veut Retraire, il convient qu'il ſoit deſcendu du lez & côté dont l'heritage vient & deſcend.* Il faut donc que l'heritage vienne ou deſcende ; vienne par côté, ou deſcende de droit fil par la directe ; car s'il paſſe à un aſcendant, pour lors il ne vient, ni ne deſcend, mais il monte, & par conſequent il n'eſt pas propre. *Titre 60.*

De même lors que du Moulin définit ainſi les propres : *Res obventæ à ſucceſſionibus prædeceſſorum*, peut-on croire que ſous le mot *prædeceſſorum*, il ait entendu comprendre les Deſcendans ? ni qu'il ait pû s'imaginer que le fils pouvoit être predeceſſeur de la mere ? il n'a donc pû entendre que les Ancêtres, ou Collateraux, par les mains deſquels l'heritage avoit paſſé. Et voilà pourquoy ſur l'article 126. de la Coûtume de Vitry, il exprime par le mot *deſcente*, le chemin que l'heritage doit faire dans la ligne, ſi l'on veut qu'il devienne propre. *Ergo*, dit-il, *aêtor debet eſſe de linea unde hæredium deſcendit.* *Conſ. 53;*

Plus exprès eſt Dargentré, car il tranche ſans heziter la propoſition, que l'acquêt du fils ne peut être propre au pere, & la raiſon qu'il en rend eſt que l'heritage ne peut entrer dans la ligne par le chemin du fils au pere, en qui il ne ſe fait point de ſouche, attendu que la ſouche ne ſe fait point de bas en haut : *tunc enim*, dit-il, *res incipit à filio, id eſt ab eo gradu, à quo non fit recurſus ſupra, ut res dicatur fuiſſe de gente.* La choſe ne commence donc d'être à la ligne, que lorſqu'après avoir paſſé du fils au pere, elle eſt enſuite deſcenduë du pere à un autre fils, ou a paſſé dans la collaterale du pere : c'eſt alors ſeulement que *res dicitur eſſe de gente*, parce que le pere ne fait point ſuite, mais plûtôt interruption de ligne, car la ligne ne ſe compte jamais en montant, mais toûjours en deſcendant, *nec enim fit recurſus ſuprà*; & même en Collaterale il faut pour trouver la ligne, deſcendre du tronc commun par les degrez inferieurs. *A t. 284. de la Coûtume de Bretagne.*

D

Et lorsque Tronçon a écrit sur l'article 141. de la Coûtume de Paris, *qu'à vrai dire il n'y a de propres que les biens qui ont acquis cette qualité par les degrez de succession pour être descendus, & avoir fait souche par l'ordre des successions ordinaires, de l'ayeul au pere, du pere au fils, au neveu, à l'oncle, &c.* Lors encore une fois que cet Auteur a parlé ainsi, n'a-t-il pas marqué qu'il ne tenoit pour propres, que les heritages qui descendent des peres aux enfans, ou qui viennent aux oncles, neveux, & autres Collateraux, & ce n'est pas sans raison qu'il veut que le propre ait passé par les degrez *des successions ordinaires* : car il ne le desire ainsi que pour exclure les successions anómales & extraordinaires, telles que celles des Ascendans : enfin lorsqu'il conclud son discours par cette proposition generale, *paternum dicitur quod à parentibus descendit,* ne donne-t-il pas à entendre que l'heritage qui monte, au lieu de descendre, ne peut acquerir la qualité de propre?

Art. 184. — Lelet, sur la Coûtume de Poitou, propose cette question. Un pere vend son propre. Le fils forme demande en Retrait, & meurt avant que le Retrait lui soit adjugé ; le pere comme heritier des acquêts du fils (car en Poitou le Retrait ne fait que des acquêts) reprend l'Instance, & se fait adjuger le Retrait ; maintenant on demande, si parce que le pere tient l'heritage de la succession du fils, il doit être propre en sa personne ; & après avoir observé que la question avoit embarassé M^e. Jean Constant l'oracle de sa Province, il assure que ce sçavant homme s'est déterminé à dire que tel heritage n'avoit pû en la personne du pere contracter la qualité de propre.

Sur les articles 225. & 235. de la Coutume de Chálons. — De même Belicart sur la Coutume de Châlons, après avoir proposé & agité la question, si l'acquêt du fils est propre au pere, résout le doute en ces termes: *Pour moi j'estime qu'il n'est pas propre, qu'il entre en communauté, & qu'il conserve sa qualité d'acquêt parce qu'il ne se fait point de propre en remontant, & qu'il n'y a point de disposition dans la Coûtume qui le veüille ainsi, sans quoi l'heritage demeure en sa premiere nature d'acquêt.*

Ces deux raisons sont remarquables, d'abord il ne se fait point de propre en remontant ; en second lieu la qualité d'acquêt est la qualité primitive & naturelle de l'heritage, laquelle ne peut être changée en celle de propre, que par une disposition expresse de la Coûtume. Or la Coûtume a bien constitué des propres en faveur du côté & ligne de l'Acquereur, mais non en faveur de ses Ascendans ; par consequent dans les Ascendans la qualité d'acquêt se perpetuë : c'est pourquoi le même Auteur expliquant les mots *côté & ligne* dont se sert l'article 235. de sa Coûtume, dit que c'est *le côté & ligne des pere ou mere Acheteurs,* il faut donc que ce soit le pere ou la mere qui ayent acheté ; car si c'est le fils qui a fait l'acquisition, le pere ou la mere ne peuvent être compris sous le nom de côté & ligne ; non sous le nom de côté, puisqu'ils ne sont point Collateraux de leur fils, non sous le nom de ligne, puisque la ligne est une suite de Descendans : *series personarum descendentium* ; & que dès qu'on est Ascendant, il est impossible de trouver place dans la suite & rangée des descendans.

Le même Auteur expliquant ce qu'il faut entendre par ces termes de *propres naissans*, dit que *ce mot s'entend de l'acquest qui a fait souche par succession directe, ou collatérale* ; ce qui exclut necessairement l'ascendante.

Belicart sur l'article 225. de la Coûtume de Châlons verb. naissant

Les autres Commentateurs de Coûtumes s'expliquent à peu près de même.

C'est ainsi que Buridan sur Rheims après avoir expliqué ce qui fait le propre, conclud son raisonnement par ces termes : *L'heritage est donc fait propre, lorsqu'il est descendu d'un degré, ce qui se verifie également dans la succession Collaterale, parce que, eu égard au tronc commun, elle se trouve également dans la descendance : c'est pourquoi cette succession fait aussi des propres.*

Art. 291.

Rien de plus vrai, ni en même tems de plus décisif que ce discours : Pourquoi suffit-il d'être Collateral de l'Acquereur ? Pourquoi n'est-il pas necessaire d'en être descendu ? C'est qu'entre l'Acquereur & son Collateral, il y a descendance d'un tronc commun. C'est donc toûjours la Descendance qui constituë le propre. Or s'il y a Descendance du pere au fils, il n'y en a sans doute aucune du fils au pere, puisqu'on ne peut aller du premier au second sans remonter.

Traité des successions liv. 3. chap. 2.

Entre les nouveaux Commentateurs de la Coûtume de Paris, Duplessis tient, sans doute, un grand rang ; & celui-ci par la solidité de son génie, a senti combien il seroit absurde qu'un pere se fît un propre de la mort de son fils. C'est en effet à quoi la Nature répugne ; & par ce sentiment naturel, on doit juger de ce qu'ont voulu faire nos peres, lorsqu'ils ont institué les propres : Or c'est sur ce principe que cet Auteur se détermine à dire sans hesiter, que *les acquests du fils étant vendus par le pere, qui y avoit succedé, ne sont point sujets à retrait*; ce sont les propres termes de cet Auteur.

Traité des successions L. 2. ch. 1. n. 4.

Enfin, on ne peut nier que Me Denis Lebrun ne soit de tous les Modernes celui qui a le plus approfondi les matieres qu'il a traitées. Or il a discuté la question dont il s'agit fort à fond ; & après l'avoir agitée de part & d'autre, il s'est déterminé contre le Propre. Il commence par montrer que l'acquest qui vient du fils au pere, ne peut être affecté à aucune ligne certaine ; & ensuite il pousse ainsi son raisonnement : *Dès qu'un bien n'est pas de ligne, c'est fort inutilement qu'on l'appelle propre ; & l'usage apprend que les acquests du fils, ausquels le pere ou un autre ascendant succede, ne sont point considerez comme des propres de ligne, puisque tous les parens du pere étant également parens du fils, il n'y a point à cet égard de côté & ligne à distinguer : ce qui justifie invinciblement, qu'en vain on les consideroit comme propres, par rapport aux successions. Et il faut de necessité que le pere qui a ainsi recueilli l'acquest du fils, venant à déceder sans enfans, son plus proche heritier lui succede, sans distinction de côté & ligne. Ce qui montre*

16

qu'il eſt inutile de conſiderer le fils comme premier Acquereur, & de
ſuppoſer que ſes biens ſoient propres en la perſonne du pere ; &
qu'au contraire, il faut de neceſſité que le pere ſoit réputé le premier Acquereur, parce que ce n'a point été par la voye d'une ſucceſſion naturelle qu'il a ſuccedé à cet heritage. Ainſi c'eſt luy_même
qui l'a mis le premier dans la Famille ; & il eſt propre naiſſant en
la perſonne des heritiers du pere, & non pas propre ancien.

Ce que l'Auteur enſeigne par rapport aux ſucceſſions, il l'enſeigne à plus forte raiſon par rapport au Retrait, qui eſt encore
plus intimement lié à la ſuite de la ligne, que le droit de ſucceder : de ſorte que ſi la ſucceſſion de l'aſcendant ne fait point
des propres pour ſes heritiers, elle en fait encore moins pour ſes
lignagers. Et ſur ce principe, l'Auteur finit en ces termes : *Enfin ſi
le pere qui a ſuccedé à ſon fils, vient à vendre l'heritage, il n'y a point
lieu au retrait.*

Lebrun,
loco citato
Num. 4.

Réfléxions ſervant de Réponſes aux Objeĉtions.

Contre les raiſons & autoritez cy-deſſus rapportées, on n'a rien
de meilleur à oppoſer, ſinon que c'eſt par droit de ſucceſſion
que le pere recueille l'acqueſt du fils, & que l'attribut de toute
ſucceſſion *ab inteſtat* eſt de changer l'acqueſt en propre.

Mais on demande d'abord, où il eſt écrit que toute ſucceſſion
quelle qu'elle ſoit, imprime neceſſairement la qualité de propre ?
ſurquoy Mᵉ Denis Lebrun ne peut aſſez s'étonner, que quelques-
uns veüillent en faire une maxime, *laquelle*, ajoûte-t-il, *ils ſe for-
gent à eux-mêmes, & qui ne ſe trouve point indéfiniment dans les bons
Auteurs.*

Lebrun,
des ſucceſſions
liv. ch. 1. ſeĉt.
1. Num. 19.
in fine.

On comprend bien que de toutes les voyes par leſquelles les
propres ſe forment, la plus commune eſt la ſucceſſion ; on dit
la plus commune, parce qu'elle n'eſt pas la ſeule, & que la donation de l'aſcendant, le Retrait, & le doüaire, font des propres
auſſi-bien qu'elle. Mais enfin, quand on dit que la ſucceſſion
fait des propres, cela doit s'entendre lorſque le cas, ou (comme parloient nos peres) lorſque l'*échoite* de la ſucceſſion y eſt
diſpoſée : car lorſqu'elle n'y a point de diſpoſition, pour lors
l'heritage, acqueſt de ſa nature, continuë, quoique dévolu par
ſucceſſion de demeurer acqueſt.

Oſeroit on dire, par exemple, que lorſque la femme recueille
la ſucceſſion du mary mort ſans ligne & ſans heritiers ; lorſque
la ligne maternelle ſuccede au patrimoine de la paternelle étein-
te, ſuivant l'Article 330. de la Coûtume de Paris ; lorſque le
pere bâtard ſuccede à l'acqueſt de ſon enfant legitime, telles
ſucceſſions faſſent des propres ? ſi cela eſt, on demande de quelle
ligne ils ſeront propres ? Sans doute dans les deux premiers cas,
les biens ne ſeront pas propres du côté & ligne d'où ils ſortent,
puiſque l'on ſuppoſe que ce côté & ligne ne ſubſiſte plus : Ils ne
le ſeront pas encore du côté & ligne où ils entrent, puiſqu'ils
n'y

n'y ont pas encore fouché, & que jufqu'à ce que l'heritage ait fouché par fucceffion dans la ligne où il eft nouvellement entré, il n'eft point encore fon propre. Il faudra donc alors que la femme qui fuccede au mary, ou le collateral maternel qui recueille le patrimoine paternel, paffent pour de premiers Acquereurs, qui ont enrichi leur ligne d'un acqueft nouveau, lequel acqueft pourra bien dans la fuite devenir le propre de cette ligne; mais ne le fera que quand il y aura fait fouche. Car enfin, ce font ici des lignes toutes differentes, & qui n'ont rien de commun enfemble.

Mais dans le cas de l'acqueft fait par l'enfant legitime, & enfuite dévolu par fucceffion au pere bâtard, ce fera bien autre chofe; car cet acqueft demeurera toûjours acqueft, & ne deviendra pas même propre par la mort de celuy qui l'aura recüeilli à titre & par droit de fucceffion: Il n'eft donc pas vray, que toute fucceffion faffe neceffairement des propres.

Et fi on dit que ce qui s'oppofe pour lors à la qualité de propre eft l'impoffibilité de trouver des perfonnes à qui les chofes puiffent eftre propres, la réponfe fera double.

Car premierement, on eft ici dans le même cas; puifqu'il a efté ci-deffus montré, qu'en fuppofant l'acqueft du fils propre en la perfonne de la mere, on ne fçaura de quel côté il fera propre, fi paternel, ou maternel; & en le fuppofant maternel, il fera impoffible de débroüiller la ligne de l'acquereur, ni de lui en conftituer une qui ne foit point celle de la mere; ainfi nul côté n'apparoîtra, nulle ligne ne pourra établir fon droit fur le prétendu propre; ce qui fera le même effet, que s'il ne reftoit ni côté, ni ligne.

Mais en fecond lieu, l'article 313. de la Coûtume de Paris, fournit l'exemple d'une fucceffion, qui bien-loin de convertir l'acqueft en propre, transforme au contraire le propre en acquêt: tant il eft peu vray, qu'il foit de l'effence de toute fucceffion de faire des propres.

Un pere donne un de fes acquefts à fon enfant, qui meurt quelques temps après fans enfans : Ce pere fuivant l'article 313. *fuccede à la chofe par luy donnée*; ce font les termes de la Coûtume, fur lefquels tous les Interpretes ont obfervé que c'étoit par droit fucceffif & hereditaire, & non par droit de réverfion, que le pere profitoit du bien de l'enfant; car l'article dit, *fuccede*: ainfi voilà une fucceffion proprement dite. Or on demande, fi ce pere, qui recüeille de la fucceffion de fon enfant la chofe que l'enfant tenoit de lui, la recüeille comme propre, telle qu'elle étoit en la perfonne de l'enfant; ou s'il la reprend en nature d'acqueft, telle qu'elle étoit à lui, avant qu'il la donnât à l'enfant?

Lebrun traité des succeffions liv. 2. chap. 1 fect. 1. n. 4.

Et la commune réfolution eft, que l'acqueft qui a paffé du pere à l'enfant, & qui eft devenu propre à l'enfant, repaffe au pere en nature d'acquéft; quoique ce paffage fe faffe par voye de fucceffion: de forte qu'en ce cas, la fucceffion imprime fi peu la qua-

E

lité de propre, qu'elle l'efface ; & après cela on prétendra qu'auſſi-
tôt qu'il y a ſucceſſion, il y a propre, & on oſera dire qu'il eſt de
l'eſſence de la ſucceſſion de faire des propres !

La ſucceſſion fait naturellement des propres ; il eſt vrai ; mais
c'eſt quand elle en peut faire ; c'eſt quand on peut aſſigner le
propre à un certain côté ; c'eſt quand on peut former la ligne du
propre par la deſcente d'un tronc commun , ſans remonter au
tronc particulier, qui ſuccede, non par ſuite de ligne, mais comme tronc ; & qui partant conſtituë un tronc nouveau ; c'eſt en
un mot lorſque l'heritage a pû faire ſouche , comme il arrive dans
toutes les ſucceſſions ordinaires, qui deſcendent par la directe,
ou qui ſe répandent dans la collaterale ; mais lorſque tout cela
manque, lorſque l'heritage remonte contre nature, lorſqu'il ne
peut prendre racine dans la ligne, il en faut dire autrement ; &
pour lors ſi le principe general manque , c'eſt parce que le cas
particulier n'en ſouffre pas l'application.

Le Brun ,
Traité des
ſuc. liv. 2.
chap. 1. ſec.
1. num. 19.

On aura donc beau oppoſer l'article 230. de la Coûtume de
Paris, qui dit, *que la moitié des conqueſts d'une Communauté qui
paſſe* , par exemple aux heritiers du mari, *eſt le propre heritage deſdits heritiers* , & on aura beau conclure de-là, qu'auſſi-tôt que l'acqueſt paſſe à l'heritier il devient propre ; car raiſonner ainſi, c'eſt
changer le ſens de l'article , & abuſer d'un terme general, qui
n'eſt pas mis pour établir la conſequence qu'on en tire.

L'intention de la Coûtume, eſt de décider, qu'il n'eſt pas neceſſaire même en collaterale , que l'heritage ſouche deux fois ,
comme on l'a autrefois prétendu, & comme il a eſté en effet jugé
par l'Arrêt des Graſſins : ainſi ces mots de l'article , *eſt le propre
heritage deſdits heritiers* , veulent dire que le propre ſe forme en

Brodeau ſur.
Loüet l. P. n
28.

la perſonne du premier heritier , ſans qu'il faille attendre que
l'heritage ait paſſé au ſecond ; & par conſequent la déciſion de
l'article n'eſt pas, qu'en toute ſorte d'heritiers generalement quel-
conques , la choſe eſt toûjours propre ; mais que la ſeconde ſouche n'eſt pas neceſſaire pour former le propre.

Mais quelque ſens qu'on donne à l'article, toûjours ſera-t-il vrai,
que le terme general *d'heritiers* , ne s'entend pas des heritiers
anomaux & extraordinaires, qui ne ſont heritiers que par un dé-
rangement ineſperé de l'ordre naturel ; car ce n'eſt point aux cas
rares & ſinguliers, que s'étendent les regles generales, & il y a
long-temps qu'il eſt écrit, que tels accidens ne tomboient pas
ſous la prévoyance, ni par conſequent ſous les diſpoſitions generales des Loix.

La ſucceſſion des aſcendans eſt de cette nature ; c'eſt une ſucceſſion qui n'arrive que par un renverſement de l'ordre de mor-

L. 15. de inoff.
teſt.

talité : *Turbato mortalitatis ordine.* Une ſucceſſion qui n'eſt point
dûë à ceux qui la reçoivent : *non ſicut parentum liberis , ita libe-
rorum parentibus hæreditas debetur* , ce qui fait que les aſcendans

L. 7. ſi tab.
teſtam. non
ext. §. 1.

n'ont point de legitime ; une ſucceſſion ſi peu naturelle , que la
loy ne l'accorde que par commiſeration : *parentes ratio miſera-*

tionis admittit. Une fucceffion qui eft plûtôt obvention cafuelle, que fucceffion, & pour tout dire, en un mot une fucceffion fi étrange, fi déplorable, & à peine qu'on ne dife fi fauvage, qu'elle fait pleurer ceux qui la recüeillent, quoiqu'elle ne leur foit donnée que par forme de confolation: fans doute ce n'eft point de telles fucceffions, que la Coûtume a entendu parler en l'article 230. & ce n'eft point en de tels heritiers, qu'elle a voulu que les acquefts fe changeaffent en propres; car elle a bien fçû, que les afcendans qui fuccedent comme tronc, devoient faire tronc, & commencer une nouvelle ligne, dans laquelle les acquefts des enfans ne pouroient acquerir la qualité de propres, que lorfqu'ils y auroient fait fouche.

Il eft fenfible, que lorfque l'article 230. a dit, *que la moitié des conquefts avenuë aux heritiers du conjoint trépaffé, eft le propre heritage defdits heritiers*; elle a entendu ceux qui avant que d'eftre heritiers actuels, ont efté dans le rang d'heritiers préfomptifs, d'heritiers en efperance. Mais peut-on dire d'une mere qu'elle foit heritiere préfomptive de fon fils, heritiere en efperance de fa pofterité? fans doute cela feroit horreur; & voilà pourquoi dans les Coûtumes qui défendent d'avantager un de fes heritiers préfomptifs plus que l'autre, le fils peut cependant avantager fon pere dans fes meubles & acquefts au préjudice de fa mere, ou *vice verfa*; ce qui n'a lieu que parce que le pere & la mere ne peuvent jamais paffer pour heritiers préfomptifs de leurs enfans; & c'eft encore la raifon pour laquelle la donation du fils au pere, ne fait que des acquefts; quoique celle du pere au fils, faffe des propres.

Lelet fur Poitou. 285.

Auffi, la difference eft-elle grande; le don qui paffe du pere au fils, fuit le chemin de la fucceffion dont il n'eft qu'un démembrement anticipé; mais le don qui retrograde du fils au pere, marche au rebours de l'ordre naturel. Voilà pourquoi l'un ne fait que des acquefts, tandis que l'autre enfante des propres. Or c'eft ici même principe; & fi le paffage qui fe fait par voye de donation en remontant dans la directe, laiffe les chofes données en nature d'acqueft, pourquoi n'en feroit-il pas de même de la fucceffion qui rebrouffe vers l'afcendant? puifque le mouvement qui fait aller la fucceffion en haut, n'eft pas moins violent que celuy qui y pouffe la donation; & fi la regle, qui veut qu'en ligne directe la donation faffe des propres, demeure reftrainte à la donation qui defcend, quelle raifon pour n'en pas juger de même à l'égard de la fucceffion?

Lebrun traité des fucceffions, liv. 2. chap. 1. fect. 1. n. 27.

Deux ou trois exemples vont faire fentir, que les regles generales, quoiqu'indiftinctement conçûës pour la ligne directe, n'ont cependant lieu que dans la directe defcendante, où la fucceffion fuit fa pente naturelle; mais qu'elles ceffent dans l'afcendante, où la fucceffion n'eft jamais portée que par un coup extraordinaire de fatalité; & cela fera connoiftre, que comme il y a oppofition entre la fucceffion des afcendans & celles des defcendans, auffi ſe gouvernent-elles par des principes oppoſez

Le texte de l'article 319. porte en termes exprès , *qu'en ligne directe* , *repreſentation a lieu infiniment* ; que l'on prenne ces termes generaux à la lettre , ils ſignifieront que repreſentation a lieu en toute la directe, tant aſcendante que deſcendante; & qu'ainſi le pere doit repreſenter le fils dans la ſucceſſion du petit fils , pour y prendre la part que le fils eût priſe s'il eût vêcu , comme le fils repreſente le pere dans la ſucceſſion de l'ayeul , & prend la part que le pere eût priſe , en cas qu'il eût ſurvêcu à l'ayeul; cependant où eſt celui qui ne convienne, que les peres ne repreſentent point les enfans , comme les enfans repreſentent les peres ?

Cela ne vient que de ce que les peres ne ſont pas nez pour ſucceder aux enfans , comme les enfans pour ſucceder aux peres ; le pere mort , le fils monte à ſon dégré , & ſe raproche de l'ayeul , parce que le pere eſt préſumé vivre dans le fils; mais le fils mort, le pere ne deſcend point à ſon dégré pour ſe raprocher du petit fils ; parce que les enfans ne ſont point préſumés vivre dans la perſonne de leurs peres.

Si donc l'abſurdité qu'il y auroit à faire vivre l'enfant dans la perſonne du pere, a eſté capable de reſtraindre cette regle generale , quoiqu'écrite dans la Coûtume , *repreſentation a lieu infiniment en ligne directe* ; à combien plus forte raiſon, l'abſurdité qu'il y auroit à faire un propre ſans ſçavoir de quel côté & ligne il ſeroit propre , ſeroit-elle capable de reſtraindre la regle , *ſucceſſion fait dés propres* : ſi tant il eſtoit , que la Coûtume en eût fait une regle ; ce qui n'eſt pas ?

De même, dans le cas de l'art. 248. *qui fait entrer dans la compoſition du doüaire* , *la moitié des heritages qui viennent & échéent au mary en ligne directe pendant le mariage* : on a demandé ſi à la faveur de ces termes generaux , *ligne directe* , on pourroit comprendre dans le doüaire , les heritages que le mary a recüeillis de la ſucceſſion de ſon enfant , échûë pendant le cours du mariage; & par *Journal du Palais, ſous la datte du 31 Juillet 1675.* Arreſt du trente - un Juillet 1675. il a eſté décidé que la ſucceſſion qui avoit remonté du fils au pere , n'enfloit point le doüaire de la femme ; parce que telle ſucceſſion n'étant dûë qu'à un déſordre , & s'il faut ainſi dire débauche de nature , il n'y avoit pas apparence à ſuppoſer que la Coûtume en eût entendu parler, lorſqu'en termes generaux , elle avoit aſſujetti au doüaire , les ſucceſſions échûës en ligne directe.

Juger que l'heritage qui paſſe par la ſucceſſion du fils au pere, n'eſt point ſujet au doüaire de la femme du pere, c'eſt proprement juger qu'il n'eſt point propre, mais acqueſt; car on ſçait que la Coûtume ſepare les acqueſts du mari , d'avec les propres échûs en directe , pour donner à la femme droit de communauté ſur les premiers , & droit de doüaire ſur les ſeconds ; c'eſt pourquoy le doüaire ne ſe prend jamais ſur les conqueſts ; ainſi celui qui decide que l'heritage qui remonte du fils au pere , quoique venu par la directe, n'eſt point tenu du doüaire , décide qu'il n'eſt point

propre

propre, mais plutôt conquest, sans doute parce qu'étant impossible de nier qu'il ne soit venu par la directe, il seroit pareillement impossible d'empêcher qu'il ne fût sujet au doüaire, s'il étoit propre; ce n'est donc que la seule qualité d'acquest qui l'exempte du doüaire, & cette preuve est invincible.

Enfin l'article 301. fournit un dernier exemple pour montrer que la singularité & bizarrerie de la succession ascendante la soustrait aux regles communes.

Il est dit dans l'article 301. *que l'on peut estre heritier & donataire en ligne collaterale*; d'où l'on conclut qu'en ligne directe l'heritier ne peut estre donataire, ce qui signifie que celui qui succede en directe, ne peut retenir les dons qu'il a reçûs du deffunt, mais qu'il doit les rapporter & mettre en partage, & c'est en effet ainsi que l'article se pratique.

Mais quoique le principe soit certain qu'en ligne directe, & non en collaterale, le rapport est dû; cependant entre ascendans il n'a jamais lieu, non que les ascendans ne soient de la ligne directe; mais parce que les dispositions de Coûtume qui reglent les successions en ligne directe, ne regardent point les ascendans qui succedent contre les vœux de la nature.

En un cas seulement l'ascendante est égalée à la descendante, c'est celui de l'article 33. qui exempte du rachat ou relief les fiefs échûs en ligne directe; mais on comprend assez que c'est la défaveur des droits seigneuriaux qui a communiqué aux ascendans le privilege accordé à la ligne directe. Ainsi c'est un cas particulier qui ne peut être tiré en exemple, & il demeure toûjours vrai que les termes generaux *d'heritiers, de succession, ou même d'heritiers, & de succession en ligne directe*, ne comprennent point la succession des ascendans : de sorte que s'il estoit écrit par forme de regle & de décision generale, que la succession fait des propres; cela ne pourroit s'entendre que des successions qui vont aux descendans, ou tout au plus de celles qui passent aux collateraux; mais la maxime ne s'étendroit pas aux successions qui vont en haut; parce que celles-là sont plûtôt des aubaines & cas fortuits; ce qui est si vrai, qu'on en peut priver l'heritier par testament. *

* *Lebrun Traité des suc. liv. 1. chap. 5. sec. 7. num. 7.*

A toutes ces raisons voudra-t-on faire prévaloir un certain Arrest de l'an 1574. qui a jugé, à ce qu'on prétend, dans la Coûtume de Montfort qu'une mere qui avoit recüeilli l'acquest de sa fille, n'avoit pû en disposer entre ses collateraux que comme d'un propre? mais quelle consequence à tirer de cet Arrest? s'agissoit-il d'un retrait? nullement. Il s'agissoit de reduire la disposition immoderée que cette mere morte sans enfans avoit faite en faveur de sa niéce, au préjudice de son neveu, dans une Coûtume infiniment plus favorable aux propres, que n'est celle de Paris; car au lieu qu'à Paris on peut entre-vifs donner tous ses propres, à Montfort on n'en peut donner que le quint; au lieu qu'à Paris la donation faite au collateral, quoiqu'heritier presomptif, ne fait qu'un acquest, à Montfort toute donation faite à l'heritier presomptif est un propre.

Le Vest, Arrest 231.

Montfort art. 144. Montfort art. 146.

Il se peut que ces singularitez ayent emporté la balance ; & quoi-qu'il en soit , pour donner à cet Arrest l'autorité d'un préjugé , il faudroit que le public fût asseuré que la question a été decidée en these generale , après un serieux examen de la difficulté , si la succession des ascendans fait des propres ; car il ne faut pas croire qu'aussi-tôt qu'on juge un heritage propre, quant à la disposition, on le juge en même temps propre quant au retrait ; il est naturel qu'on ne puisse disposer que d'une portion de l'heritage venu par quelque sorte de succession que ce soit ; puisque c'est un don de la Loy, qui n'a rien coûté à acquerir , & qui par cette raison semble devoir estre conservé aux heritiers de la Loy. Et l'égalité si favorable entre coheritiers a pû être encore une raison pour reduire une disposition excessive.

Mais il s'agit ici d'un retrait , il s'agit de dépoüiller un acquereur legitime, contre la liberté des contrats , & contre le droit des gens ; il s'agit, en un mot, d'un droit de rigueur, infiniment plus étroit, dit Dumoulin, que celui des successions , *jus retractûs strictius est, quam jus succedendi.* C'est un droit qui est donné , dit encore le même Dumoulin, non pour acquerir de nouveaux biens à la ligne, mais pour y conserver ceux qui y sont déja. *Jus retractus non est adquisitorium sed conservatorium in familia.* Et pour faire que le retrait se reduise à retenir dans la ligne les biens qui y sont, sans y mettre ceux qui n'y sont pas ; il faut qu'il ne puisse avoir lieu que sur ceux qui ont réellement souché dans la ligne. Or, on a prouvé que le passage du fils au pere ne fait point de souche ; donc quand même un tel acquest ne seroit pas en la libre disposition du pere dans une Coûtume ennemie des dispositions, il ne s'en suivroit nullement que dans celle de Paris il fût sujet à retrait.

Sur l'article 13. du titre 26. de la Coûtume de Nivernois. Mol. in §. 4. tit. 14. de la Coûtume de Berri.

On pourroit ici montrer par plusieurs exemples que telle chose est propre de succession, qui ne l'est pas de retrait ; telle de retrait qui ne l'est ni de disposition ni de succession : telle enfin de succession, qui ne l'est ni de disposition ni de retrait ; mais cela meneroit trop loin ; & il suffit d'avoir observé que ce qui est jugé sur l'étenduë de la faculté de disposer, ne doit pas estre tiré à consequence pour le retrait.

Mais peut-être, voudra-t-on encore argumenter par l'Arrest qui a adjugé à Monsieur le Prince de Conti le Retrait du Duché de Mercœur ; ce Duché , dira-t-on, étoit un Acquêt de Madame de Vendôme ; & d'elle venu par succession à Madame la Princesse sa mere, Madame la Princesse le vend ; Monsieur le Prince de Conti le retire comme lignager ; contestation sur le Retrait , & enfin par Sentence confirmée par Arrest le Retrait adjugé : Donc, dira-t-on, les lignagers de la mere Venderesse ont droit de Retrait sur les Acquêts à elle échûs de la succession de son enfant.

Mais la réponse sera également briéve & décisive. Mercœur est situé dans la Coûtume d'Auvergne qui rend les Acquêts sujets à Retrait , même en la personne de l'Acquereur, sans examiner s'ils ont, ou n'ont pas souché dans la ligne ; de sorte que si

Art. 25. titre des Retraits.

Madame de Vendôme qui avoit acquis Mercœur l'avoit elle-même vendu, Monſieur le Prince de Conty auroit également pû uſer du Retrait, à plus forte raiſon après que ce n'étoit pas Madame de Vendôme qui avoit fait la vente, mais Madame la Princeſſe, heritiere de Madame de Vendôme. Que l'on efface dix ou douze articles de la Coûtume de Paris ; & qu'en leur place on ſubſtitue l'article 25. du titre des Retraits de la Coûtume d'Auvergne, & pour lors le ſieur Godemel rendra les armes.

Pour derniere conſideration, on n'a qu'à ſe conſulter & ſe demander de bonne foy, s'il eſt naturel que le bien du fils faſſe un propre en la perſonne du pere, ſans doute on ſentira dans la ſeule idée un je ne ſçai quoi, qui choquera ; & ſi on en cherche la cauſe, c'eſt qu'on n'entend par le mot de Propres, que les biens qui nous viennent par propagation de famille ; au lieu que ceux qui arrivent à un pere, lui viennent au contraire par extinction, & non par propagation de ſang.

C'eſt ce qu'ont voulu dire les Docteurs François lorſqu'ils ont requis que le propre fut deſcendu, ſinon dans la poſterité de l'Acquereur, du moins dans la poſterité du tronc & ſouche de l'Acquereur, faiſant à ſon égard ligne collaterale. Il faut deſcente pour faire un propre, parce qu'autrement on ne tiendroit pas l'heritage d'un droit & ſuite de ligne, ſans quoi il n'y a point de propre.

Lors, par exemple, qu'un fils ſuccede à ſon pere, il ſuccede comme fils d'un tel qui étoit fils d'un tel, & ainſi conſecutivement juſques à l'Acquereur : voila une ſucceſſion acquiſe par ſuite & continuité de ligne, il eſt donc juſte qu'elle faſſe des propres.

De même lorſqu'un frere ſuccede à un frere, il ſuccede comme fils du même pere, qui étoit fils d'un tel, & celui-là d'un tel, & ainſi de degré en degré juſques à l'auteur & ſouche de l'Acquereur ; par la même raiſon il eſt encore naturel qu'il ſorte des propres d'une ſucceſſion ainſi acquiſe par la deſcendance, car alors il y a liaiſon & enchaînement de degrez, parce qu'on ſuccede comme ayant reçû la vie d'une certaine perſonne qui l'avoit reçûe d'une autre : Ce qui fait trace de ſang & fil de ligne.

Mais lorſque le pere ſuccede au fils, ce n'eſt pas comme ayant reçû la vie, mais comme l'ayant donnée.

Ce n'eſt pas par une propagation paſſive & ſucceſſive, mais par une propagation active & momentanée, laquelle propagation active coupe le fil de la propagation paſſive qui fait la ſuite de la ligne : d'où il arrive que par rapport à l'heritage il ſort un nouveau tronc en la perſonne du pere, dans lequel il eſt impoſſible que l'heritage ſoit propre, parce qu'autrement il ne ſeroit pas tronc, le propre du tronc étant de porter dans ſa ligne l'heritage comme Acquêt ; & dans la préſuppoſition contraire il faudroit que le fils fût le tronc du pere ; ce que les oreilles même ont peine à entendre. Et voila ce qui fait le *je ne ſçai quoi*, qui choque : voila la ſource de la répugnance que l'on ſent à penſer que l'heritage du fils faſſe un propre au pere.

Concluons donc, que Monfieur Midorge a eu grand tort d'avoir efité une mauvaife prétention fur le procedé encore plus mauvais dont on a parlé au commencement ; & voila ce qui eft heureux pour luy, on repare fa faute, & on le fait galant homme malgré luy.

Me BEGON, Avocat.